Book

1월 계획
1. 군것질 줄이기
2. 딱지 사지않기

저축

용돈 기입장

10000

잘한 점
잘못한 점

알뜰살뜰! 우리 집 경제 대장 나백원이 간다!

교과서 개념 잡는 초등 사회그림책

용돈으로 배우는 경제

알뜰살뜰! 우리 집 경제 대장 나백원이 간다!

글 박민선 · 그림 김민준

감수 임한철(충주금릉초등학교 선생님)

차례

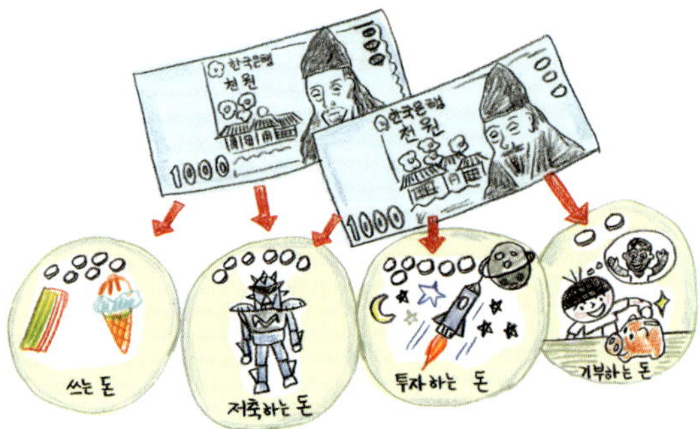

교과서 개념을 다지는 **단계별 워크북**이 들어 있어요.

초등 교과서의
핵심 개념을 담았습니다.

1학년 2학기 가을

– 내 이웃 이야기
나눔 장터에서 찾은 이웃

2학년 2학기 가을

– 동네 한 바퀴
동네를 탐험해요
동네 모습을 그려요
우리 동네 한 바퀴
동네 사람들을 만나요
동네 사람들이 하는 일
우리 동네 직업 뉴스
동네 사람 모여라
모두 다 소중해
물건 사세요

4학년 2학기 사회

– 경제 활동과 현명한 선택
경제 활동과 선택
경제 활동에서의 현명한 선택
생산과 소비

사도 또 사고 싶은 파워 카드

'제발 나와라! 파워 카드!'

백원이는 카드 봉투를 뜯으면서 마음속으로 빌고 또 빌었어요.

하지만 이번에도 파워 카드가 아니었어요.

"에잇! 아저씨, 카드 하나 더 주세요."

백원이는 주머니에 카드를 구겨 넣고 돈을 꺼냈어요.

그때 등 뒤에서 익숙한 목소리가 들렸어요.

"나백원! 또 카드 사니?"

잔소리쟁이 민아였어요.

"내가 뭘 사든 네가 무슨 상관이야!"
백원이는 씩씩대며 민아에게 톡 쏘아붙였어요.
이에 질세라 민아는 혀를 쏙 내밀며 백원이를 약 올렸어요.
"흥! 카드 귀신이나 돼라. 아줌마한테 다 일러야지."
"우리 엄마한테 뭘……. 아, 알림장!"
백원이는 머릿속이 하얘졌어요.
사실은 알림장을 살 돈으로 카드를 샀거든요.

'엄마가 집에 안 계셨으면 좋겠다.'
백원이는 살금살금 현관문을 열고는
집 안을 살피며 작은 소리로 말했어요.
"다녀왔습니다."
백원이의 바람과 달리 엄마가 백원이를 반갑게 맞았어요.
"잘 다녀왔어? 알림장은 사 왔니?"
백원이는 우물쭈물 대답했어요.
"그, 그게……. 카드 사는 데 돈을 다 써서……."
엄마의 눈썹이 치켜 올라갔어요.
"뭐? 알림장 살 돈으로 카드를 샀다고?"
그때 마침 전화벨이 울렸어요.
"따르릉따르릉."
"여보세요?"

우리는 물건을 살 때 돈을 써요.

우리가 즐거움이나 편리함을 얻기 위해 돈을 쓰고 시간을 들이고 물건을 사용하는 일은 모두 소비예요.

우리는 소비하지 않고는 살 수 없어요. 그래서 현명하게 소비하는 방법을 익혀야 해요.

알림장 대신
카드를 샀다고?

"휴, 다행이다."
백원이는 엄마가 전화를 받는 동안
방으로 들어왔어요.
그러고는 아까 문구점에서 산 카드를
모두 꺼냈어요.
"칫, 새로운 카드가 하나도 없잖아."
백원이가 카드를 구겨 휴지통에 버릴 때였어요.
엄마가 방문을 열며 소리쳤어요.
"나백원! 지금 뭐 하는 거야?"
백원이는 머뭇거리며 대답했지요.
"이미 갖고 있는 거랑 똑같은 카드라서
버리는 거예요."
"뭐? 알림장을 살 돈으로 카드를 산 것도
모자라서 새로 산 카드를 버린다고?"

대형 마트나 문구점에 가면
사고 싶은 물건이 아주 많아요.
문구점
새로 나온 장난감은 친구들보다
먼저 사서 자랑하고 싶고,
이거 새로 나온 거야.
친구들이 가진 물건은 따라 사고
싶어요.
나도 갖고 싶다.
하지만 사려고 계획한 물건이
아니라면 사고 싶은 마음을
참아야 해요.
참자!
사고 싶은 게 너무 많아요!
계획에 없는 물건을 사면 정작 필요한
물건을 사지 못하게 돼요. 또 순간적인
호기심에 산 물건은 금방 싫증이
나기도 하거든요.
갖고 싶은 것을 모두 살 수도 없
어요.
살 수 있는 물건
후보들
돈에는 희소성이 있기 때문이에요.
우리가 원하는 것은 많은데 쓸 수
있는 돈의 양은 정해져 있어
부족하다는 뜻이지요.
더 내놔!
그래서 꼭 필요한 물건,
사려고 계획한 물건을 선택해야
후회하지 않게 돼요.

물건을 제대로 사는 방법

"민아 좀 보고 배워. 민아는 용돈도 알뜰하게 쓰고 물건 하나도 요모조모 따져 보고 산다더라."
엄마는 화가 나 잔소리를 퍼부었어요.
'치, 여기서 민아 얘기가 왜 나와?'
백원이는 자신을 카드 귀신이라고 놀리던 민아를 떠올리자 기분이 팍 상했어요.
"사고 싶은 게 있어도 사려고 계획한 물건인지 생각해 보고 사야지, 어휴."
엄마가 버려진 카드를 보며 한숨을 쉬었어요.

또
물건도 잘 고르고
알뜰하고
저축!
엄마 말 잘 듣고……

이걸로
사야겠다.
!
잠깐!
④ 오래 쓸 수 있을 만큼
튼튼한지 살피고.
이게
3백 원 싸.
⑤ 같은 품질이면
더 저렴한 것을 골라.
어때,
잘 배웠어?
대단하다.

카드가 백원이 손에 오기까지

엄마가 카드를 주우며 말했어요.

"아무리 작은 물건이라도 네 손에 들어오기까지 수많은 사람의 손을 거치는 거야. 많은 사람의 정성과 노력을 생각해 봐. 카드 한 장도 소중히 여겨야겠지?"

1 종이 회사에서 카드의 재료인 종이를 만들어요.

2 카드 회사에서 종이가 다양한 과정을 거쳐 카드로 만들어져요.

3 카드가 트럭에 실려서 전국의 대형 마트나 문구점, 가게로 옮겨져요. 각 상점에 진열된 카드는 손님을 기다려요.

4 손님은 상점에서 카드를 사요.

5 물건을 만드는 일뿐만 아니라 다른 사람에게 편리함과 즐거움을 주는 일은 모두 생산 활동이에요.

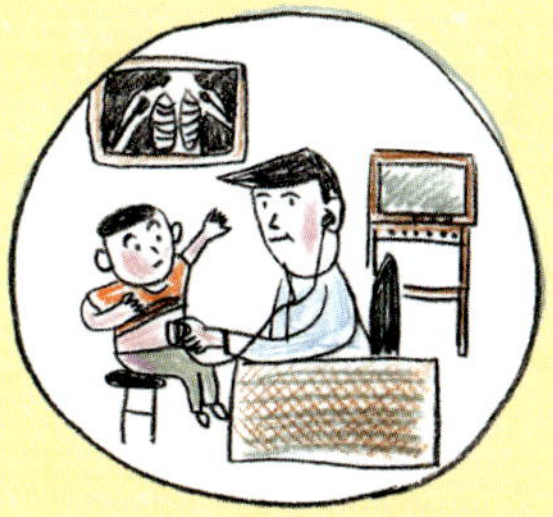

의사는 아픈 사람을 치료해요.

선생님은 학생을 가르쳐요.

환경미화원은 거리를 깨끗하게 청소해요.

경찰관은 우리의 안전을 지켜요.

부전자전, 아빠도 사고를 치다!

"백원아, 아빠 왔다."

백원이는 아빠에게 달려가 반갑게 인사했어요.

"아빠, 안녕히 다녀오셨어요?"

"어, 그래."

그런데 아빠가 두 손을 뒤로 감추고 있는 것이 이상했어요.

얼른 아빠 뒤를 살핀 백원이가 물었어요.

"아빠, 그게 뭐예요?"

"쉿!"

아빠가 백원이에게 눈치를 줬지만 이미 늦었어요.

엄마가 아빠 손에 있는

최신 휴대 전화를 보고 말았으니까요.

저녁을 먹는 동안 엄마는 한마디도 하지 않았어요.
백원이와 아빠는 서로 눈빛을 주고받았어요.
식사가 끝나고, 드디어 엄마가 입을 열었어요.
"둘 다 왜 이렇게 돈을 함부로 써요?"
아빠가 백원이에게 물었어요.
"너도 사고 쳤니?"
백원이는 말없이 고개를 끄덕였어요.
"아무래도 안 되겠어."
엄마가 단단히 벼른 듯 말했어요.

돈을 알뜰하게 쓰려면 계획이 필요해

엄마는 방에서 공책을 들고 왔어요.

"우리 집 가계부야."

"가계부요?"

"우리 집에 들어온 돈과 나간 돈을 적는 공책이야.

가계부를 보면 우리 가족이 어디에 얼마를 썼는지 알 수 있어.

오늘 뭐 샀는지 기억하지?"

엄마가 백원이에게 물었어요.

"카, 카드요."

백원이가 기어들어가는 목소리로 대답했어요.

자칫하면 또 혼날 것 같았어요.

마침 가계부에 적힌 '수입'이라는

글자가 보였어요.

백원이는 얼른 말머리를 돌렸어요.

"엄마, 수입이 뭐예요? 아빠가 벌어 오는 돈이에요?"
엄마가 고개를 끄덕였어요.
"그래. 가계부를 보면서 그 수입으로 우리 가족이 한 달 동안 어떻게 생활할지 계획을 세워."
"왜 계획을 세워요?"
"들어오는 돈은 정해져 있는데 쓸 곳은 많으니까, 알뜰하게 돈을 쓰려면 계획을 세워야지."
엄마는 가계부를 조목조목 짚으며 알려 주었어요.
"이렇게 쓸 데가 많아요?
안 쓰고 다 모으면 우리도 돈이 많을 텐데……."
백원이의 말에 아빠가 나섰어요.
"돈을 안 쓰고 살 수는 없어.
또 돈을 쓰지 않고 모으기만 하면
경제 활동이 활발히 이루어지지 않아."

가계부
가정에 들어온 돈과 나간 돈을 적는 공책이야.

8월 수입과 지출

구분	항목	내용	금액	합계
수입(들어온 돈)		월급	4,205,000원	4,205,000원
지출(나간 돈)	식료품비	외식	128,000원	3,902,500원
		식료품 구입	380,000원	
	의류비	운동화	52,000원	
	생활용품	휴지, 세제, 이불	260,500원	
	교통·통신비	휴대 전화, 인터넷	150,000원	
	교육비	학원비	160,000원	
	……			
	교양·오락비	영화 관람	24,000원	
	의료비	병원 진료, 약값	80,000원	
	공과금	전기, 수도, 가스 등	250,000원	
	기부	사랑의 집	50,000원	
	저축	정기 예금	500,000원	

백원이 부모님이 일을 해서 돈을 벌어요. 이 돈이 백원이네 가정의 소득이 되지요.

백원이 엄마는 번 돈을 어떤 곳에 쓸지 소비 계획을 세워요.

엄마는 돈을 필요한 곳에 사용하고 나머지는 은행에 저축해요.

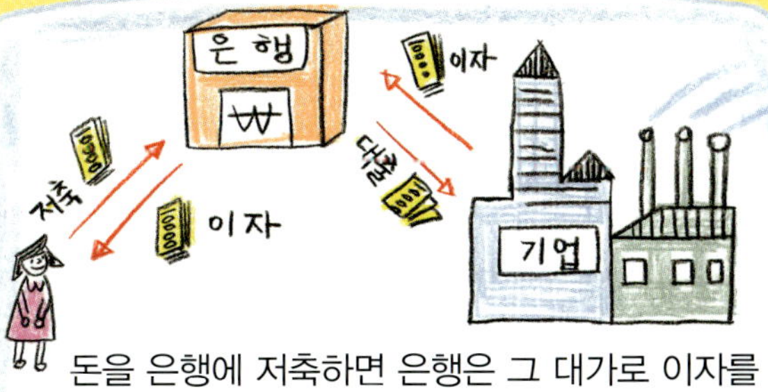

돈을 은행에 저축하면 은행은 그 대가로 이자를 줘요. 또 은행은 사람들이 저축한 돈을 필요한 사람에게 빌려 주고 이자를 받아요.

미래를 위한 돈, 저축

"사람들이 너도나도 돈을 쓰지 않으면 물건이 팔리지 않아서 회사가 어려워지고, 회사에서는 사람을 뽑을 수가 없어. 그럼 일자리가 줄어들고 결국 가정의 살림살이도 어려워지지."

백원이는 아빠의 말에 고개를 끄덕였어요.

엄마가 아빠를 보며 눈을 흘겼어요.

"그렇다고 쓰기만 해서도 안 돼. 나중을 생각해서 저축을 해야지. 사람마다 이유가 다르지만, 저축은 꼭 필요하단다. 만약 네가 아파서 수술을 해야 하는데 모아 둔 돈이 없다고 생각해 봐."

아빠가 고개를 절레절레 흔들며 말했어요.

"우리 아들이 아픈데 병원에 못 가면 안 되지."

"아이고, 그렇게 생각하는 사람이 휴대 전화가 새로 나올 때마다 사요?"

미래를 대비해 내가 번 돈을 아껴서 모아 두는 것이 저축이에요.

저축을 하면 집을 살 때처럼
큰돈이 필요할 때 사용할 수 있어요.

또 미래에 하고 싶은
일을 할 수 있어요.

저축을 하면 함부로 돈을
쓰는 일도 막을 수 있어요.

야호! 용돈이다

엄마는 가계부 밑에 있던 공책 두 권을 백원이와 아빠에게 주었어요.

"용돈 기입장이야. 여보, 당신도 써요."

"에이, 내가 백원이도 아니고."

아빠가 공책을 밀며 말했어요.

엄마는 다시 아빠 앞으로 공책을 갖다 놓았지요.

"백원아, 이제부터 아빠가 너한테 매주 2천 원씩 용돈을 주실 거야."

"여보, 내 용돈도 적은데?"

아빠가 화들짝 놀라 소리쳤어요. 하지만 금세 조용해졌어요.

엄마의 눈길이 아빠의 새 휴대 전화에 가 있었거든요.

백원이는 신나서 물었어요.

"용돈은 내 마음대로 써도 돼요?"

"그래, 대신 어디에 썼는지 용돈 기입장에 꼬박꼬박 적어야 돼.

먼저 용돈 기입장 쓰는 법부터 배우자. 당신도 잘 들어요."

먼저 받은 용돈을 '들어온 돈' 칸에 적어.

그리고 쓴 돈을 '나간 돈' 칸에 그날그날 적는 거야.

용돈 기입장 쓰는 방법

날짜	내용	들어온 돈	나간 돈	남은 돈
9월 5일	용돈	2,000원		2,000원
9월 6일	공책		600원	1,400원

이렇게요?

매달 마지막 날에는 그동안 들어온 돈과 나간 돈, 남은 돈을 계산해. 네가 한 달 동안 얼마나 쓰고 모았는지 살펴보는 거지.

날짜	내용	들어온 돈	나간 돈	남은 돈
9월 5일	용돈	2,000원		2,000원
9월 6일	공책		600원	1,400원
9월 7일	아이스크림		1,000원	400원
9월 12일	용돈	2,000원		2,400원
⋮	⋮	⋮	⋮	⋮
9월 29일	쫀득이		800원	600원
합계		8,000원	7,400원	600원

이게 다예요?

한 달 동안 함부로 쓴 돈은 없는지 생각해 봐. 그리고 다음 달에는 어떻게 돈을 쓸지 계획을 세우고 실천해 보는 거야.

용돈 기입장을 쓰면

- 용돈을 어디에 썼는지 한눈에 알 수 있어.
- 스스로를 평가하고 계획을 세울 수 있어.
- 계획에 맞게 돈을 쓰는 습관을 기를 수 있어.

돈에도 셈이 필요해

"자, 이번 주 용돈 2천 원!"
아빠가 지갑에서 천 원짜리 2장을 꺼내 주었어요.
"용돈으로 뭐 할 거니?"
백원이는 1초도 망설이지 않고 대답했어요.
"울트라파워 로봇 살 거예요!"
"그러면 로봇 가격부터 알아보는 게 좋을걸.
그런데 너 돈 계산은 할 수 있어?
천 원이 10장이면 얼마인 줄은 아니?"
"에이, 아빠! 저도 그 정도는 안다고요!"
"그럼 만 원이 100장이면?"
"어, 그건……."

돈에 적힌 숫자의 비밀

돈에 적힌 숫자는 그 돈이 갖고 있는 가치를 나타내요. 같은 가치를 가진 물건과 교환할 수 있다는 뜻이기도 해요.
사람들이 사용하기 편리하도록 돈에는 여러 단위가 있어요.

백 원이 10개면 천 원

천 원이 10장이면 1만 원

만 원이 10장이면 10만 원

울트라파워 로봇!
만 원이 100장이면 100만 원
10000
₩1,000,000
만 원이 1,000장이면 1,000만 원
10000
₩10,000,000
만 원이 10,000장이면 1억 원
10000
경축
우리 집
₩100,000,000

다음 날 수업을 마치고, 백원이는 친구들과 학교 앞 슈퍼마켓으로 갔어요.
“얘들아, 나도 이제 용돈 받는다!”
‘내 맘대로 사 먹으니까 꿀맛이다.’
백원이는 엄마에게 하나하나 허락받지 않고
돈을 쓸 수 있어서 참 좋았어요.

‘이제 문구점으로 가 볼까?’

백원이가 놀이터 옆을 지나는데 무엇인가를 찾고 있는 민아가 보였어요.

“민아야, 뭐 해?”

“지갑을 잃어버렸어.”

민아의 눈에 눈물이 그렁그렁했어요.

얄미운 잔소리쟁이가 왠지 불쌍해 보였지요.

“내가 찾아 줄게!”

백원이는 탐정처럼 주변을 살피며 찾기 시작했어요.

한참을 살피다가 벤치 틈에 꼭 끼어 있는 분홍색 지갑을 찾았지요.

“백원아, 고마워. 그리고 지난번에 카드 귀신이라고 놀린 거 미안해.”

백원이는 괜히 쑥스러워 딴청을 피웠어요.

“그런데 넌 어디 가던 길이야?”

민아가 가방을 메며 물었어요.

“로봇 가격이 궁금해서 문구점에 가려고.”

“내가 같이 가 줄까?”

너무 비싼 울트라파워 로봇

백원이는 민아와 함께 문구점 문을 열고 들어가 씩씩하게 물었어요.

“아저씨, 울트라파워 로봇 있어요? 얼마예요?”

“2만 5천 원이야. 요즘 인기가 아주 많아.”

민아가 깜짝 놀라며 말했어요.

“우아, 정말 비싸다.”

백원이도 비싼 가격에 놀랐지만 태연한 척 다시 물었어요.

“그럼 미니 로봇은요?”

“그건 2만 원.”

“네? 미니 로봇도 그렇게 비싸요?

뽑기 카드는 천 원이면 살 수 있는데 로봇은 왜 이렇게 비싸요?”

백원이가 투덜거렸어요.

그러자 문구점 아저씨가 안경을 들어 올리며 말했어요.

“내 맘대로 로봇 가격을 정한 게 아니란다.”

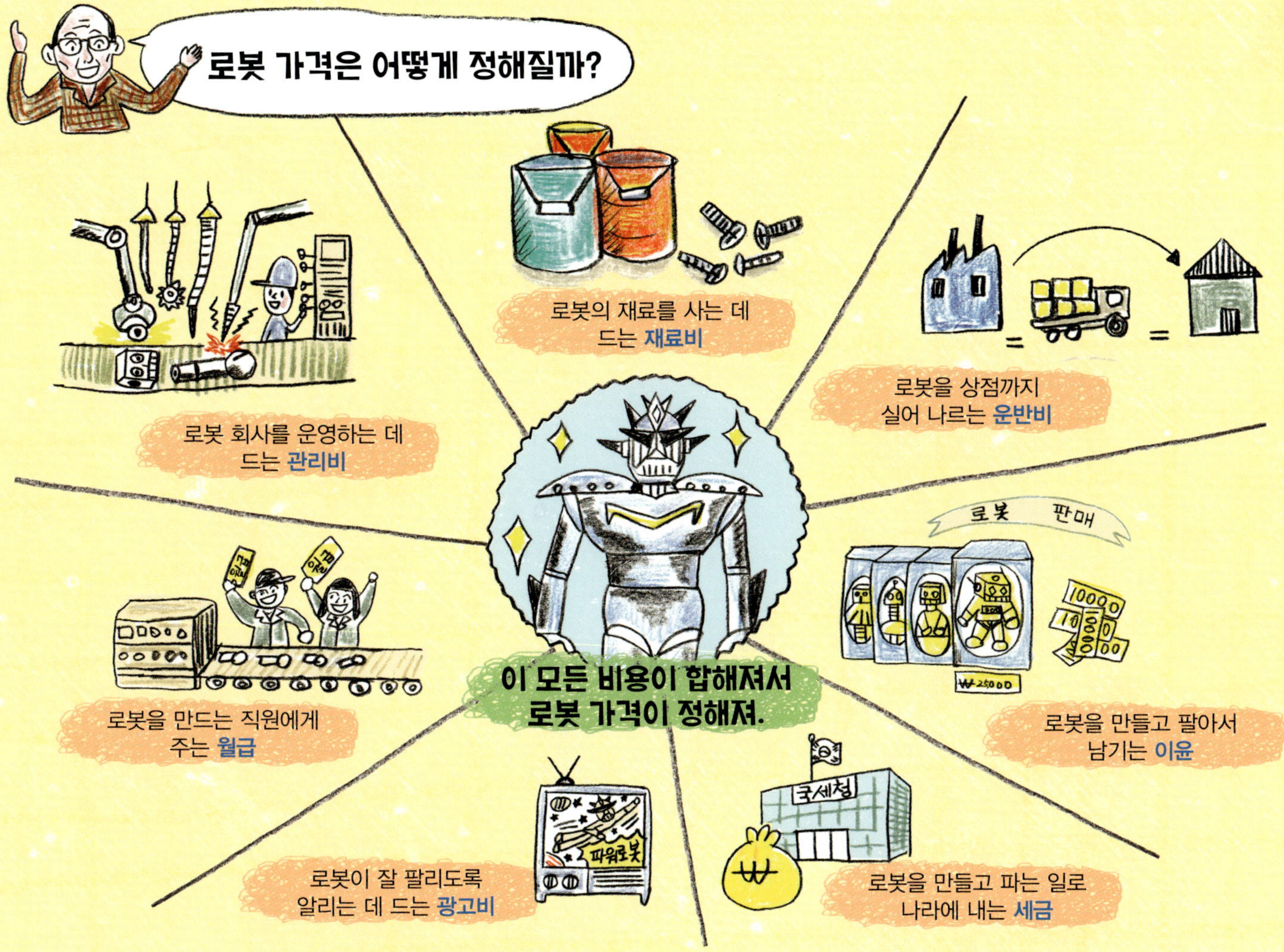

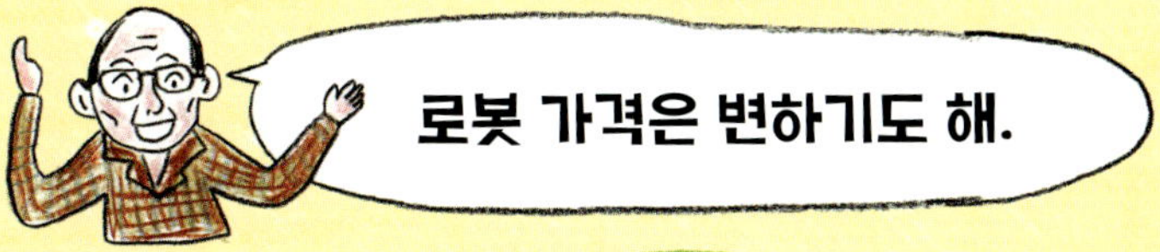

로봇을 사려는 사람은 많은데 로봇이 적으면
로봇 가격은 올라가.

반대로 로봇은 많은데 사려는 사람이 적으면
로봇 가격은 내려가지.

시장으로 출발!

민아가 잔뜩 실망한 백원이를 위로했어요.
“예전에 엄마랑 인형 사러 재래시장에 갔는데,
인형 가격이 문구점보다 쌌어.
거기 가 볼래?”
“정말 그런 곳이 있어?”
백원이는 눈이 번쩍 뜨였어요.
백원이와 민아는 서둘러 재래시장으로 갔어요.

대형 마트

수만 가지 물건을 한곳에서 싸게 살 수 있고 주차도 편리해요. 물건은 싸지만 여러 개를 묶어서 팔아요.

서비스를 파는 시장

미용실, 병원, 극장 등은 사람들의 생활을 편리하고 즐겁게 만드는 노력, 즉 서비스를 파는 시장이에요.

재래시장

예전부터 있어 오던 시장이에요. 많은 가게가 모여 있어 물건이 다양하고 가격도 싸지만 주차가 불편한 곳이 많아요.

백화점

편리한 시설을 갖추고 있고 서비스가 좋지만 다른 시장에 비해 물건의 가격이 비싸요.

사람들에게 필요한 물건과 서비스를 사고파는 곳은 모두 시장이에요.

인터넷 쇼핑몰과 텔레비전 홈 쇼핑

상점에 직접 가지 않고 물건을 살 수 있어 편리해요. 하지만 물건을 직접 보지 못하고 사기 때문에 정보를 꼼꼼히 살펴야 해요.

슈퍼마켓

집에서 가까운 곳에 있어서 이용하기 쉽지만 물건의 종류가 많지 않아요.

벼룩시장

쓰던 물건을 필요한 사람에게 파는 시장이에요. 물건을 아주 싼값에 살 수 있어요.

유통 과정을 줄인 장난감 할인점

재래시장에 있는 장난감 할인점에 도착한
백원이의 눈이 휘둥그레졌어요.
울트라파워 로봇을 2만 원에 팔고 있었거든요.
“민아야, 여기 정말 싸다! 아저씨, 여긴 왜 이렇게 싸게 팔아요?”
주인아저씨가 벽에 걸린 현수막을 가리켰어요.
현수막에는 ‘유통 과정을 줄여 가격을 낮추었습니다.’라고
쓰여 있었지요.
민아가 주인아저씨에게 물었어요.
“아저씨, 저 말이 무슨 뜻이에요?”
“중간 상인을 거치지 않고 물건을 싸게 사 와서 판다는 뜻이야.”

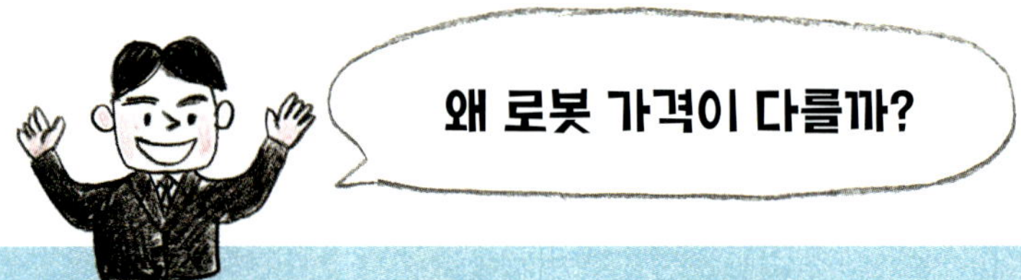

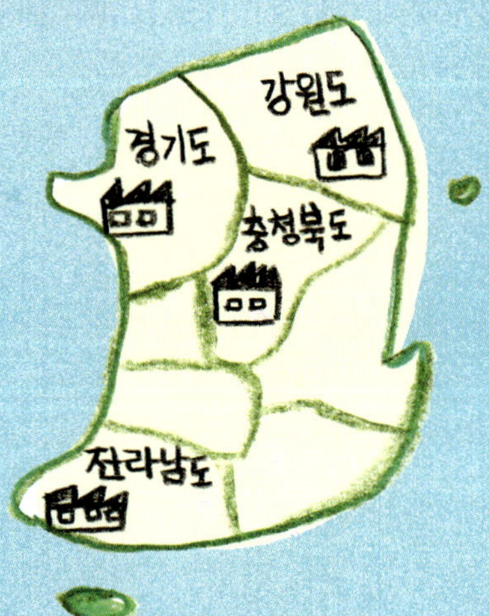

소비자가 로봇 공장을 찾아가서 로봇을
사려면 시간도 오래 걸리고 번거로워.

그래서 소비자가 쉽게 로봇을 살 수 있도록
전달해 주는 유통이 필요하지.

유통은 공장에서 만든 로봇이 여러 상인을 거쳐서
소비자에게 전달되는 과정이야.

유통 과정이 많아질수록
로봇의 가격은 높아져.
상인마다 운반비, 보관비가 들어가고
이윤을 남기기 때문이지.

돈이 많으면 좋겠어

백원이는 울트라파워 로봇이 싼 곳을 알아냈지만
2만 원을 모으려니 눈앞이 캄캄했어요.
벌써 5백 원짜리 아이스크림을 사 먹어서
주머니에는 천 5백 원밖에 없었거든요.
백원이는 주머니의 돈을 만지작거렸어요.
"내일은 친구들이랑 쫀득이 사 먹기로 했는데, 어떡하지?
울트라파워 로봇을 사려면 돈을 많이 모아야 하는데…….
아, 나도 돈이 아주 많으면 좋겠다.
그럼 갖고 싶은 건 다 살 수 있겠지?"
그때 백원이의 머릿속에 텔레비전 옆에 놓인 돼지 저금통이 떠올랐어요.
엄마, 아빠가 동전을 모아 놓는 돼지 저금통이었지요.
"돼지 저금통을 깨면 쫀득이도 사 먹고 로봇도 살 수 있을 거야.
아이스크림도 매일 먹을 수 있고,
울트라파워 로봇도 살 수 있을지 몰라."
백원이 입가에 미소가 번졌어요.

돈으로 무엇이든 살 수 있을까?

돈이 아주 많으면 뭐든지 살 수 있을 것 같지만, 꼭 그렇지는 않아요. 사랑, 행복, 건강, 지혜, 우정 같은 가치들은 아무리 돈이 많아도 살 수 없어요.

내 사랑 돼지야~.

백원이는 싱글벙글 집으로 달려갔어요.
"하하! 돼지야."
백원이는 돼지 저금통을 안아 올렸어요.
때마침 엄마가 들어왔어요.
"우리 집 돼지는 왜 안고 있니?"
"돼지 저금통을 깨서 울트라파워 로봇 사려고요!"
엄마는 가만히 백원이를 바라보았어요.
"백원아, 돼지 저금통은 네 게 아니잖아.
로봇은 용돈을 모아서 사야지."
백원이가 시무룩하게 말했어요.
"그렇지만 용돈이 너무 적은걸요."
"그럼 엄마가 용돈을 잘 모으는 방법을 알려 줄까?"
"네!"

용돈을 잘 모으는 비법, 4개의 저금통

"돈을 잘 모으려면, 이게 필요해."
엄마가 빈 저금통 4개를 백원이에게 내밀었어요.
"쓰고 남은 돈을 모으면 돈이 잘 모이지 않아.
하지만 용돈을 받자마자 바로 돈을 나누면 훨씬 잘 모을 수 있지."
엄마의 말에 백원이는 고개를 갸우뚱했어요.
"용돈을 나누면 돈이 적어져서 돈을 모으기 더 힘들지 않아요?"
"돈을 가장 빨리 모으는 방법은 하나도 쓰지 않는 거야.
하지만 그건 불가능해. 그래서 쓸 돈과 모을 돈을 미리 나누는 거야."
백원이는 고개를 끄덕였어요.
"아하! 저금통 하나는 내가 쓸 돈, 다른 하나는 모으는 돈이군요."

쫀득이
맛있다!
언제든 돈을 꺼내
쓸 수 있는 저금통
1
쓰는 저금통
로봇을 위한 저금통
2
저축 저금통
왈 왈

"나머지 저금통은 뭐예요?"
엄마가 빙그레 웃었어요.
"하나는 투자 저금통이야.
적어도 10년 후를 위해 모으는 돈이지.
네 대학 학비나
어학연수 비용을 모으는 거야."
"10년 후요?"
백원이는 상상이 안 된다는 듯
고개를 절레절레 흔들었어요.
"백원이 너는 우주 비행사가 꿈이잖아.
미국의 나사 우주 센터에도 가 보고 싶다고 했지?
네가 직접 모은 돈으로 가면 좋지 않을까?"
"음, 그렇게 생각하니 투자 저금통도 필요하네요."

나누는 기쁨, 기부

기부는 돈이 많아야 할 수 있는 게 아니에요.
나에게 필요 없는 장난감이나 옷을 기부해도
되고, 적은 돈도 큰 도움이 되거든요.
또한 돈의 크기보다 중요한 것은 나누려고 하는
마음이에요.

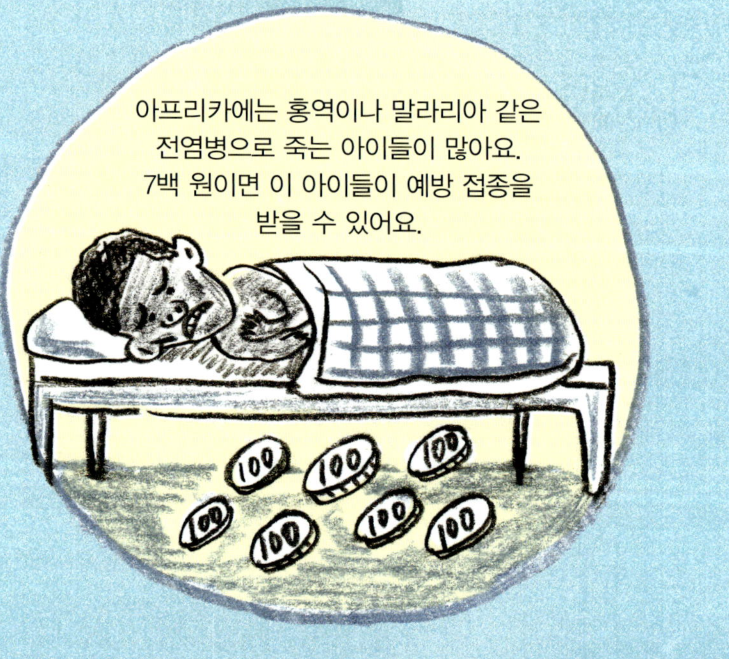

기부 저금통

"마지막 하나는 기부 저금통이야."
"기부요? 그게 뭐예요?"
"내가 가진 돈이나 물건, 재능으로
나보다 어려운 사람을 돕는 거야.
세계 곳곳에는 학교를 못 가는 아이도 있고
밥을 굶는 사람들도 많거든."

용돈을 나누자

"그럼 제 용돈은 어떻게 나눠요?"

"쓰는 저금통에 6백 원, 저축 저금통에 6백 원,

투자 저금통에 6백 원, 기부 저금통에 2백 원.

이렇게 넣으면 될 것 같은데?"

엄마의 얘기를 듣고 난 백원이가 시무룩하게 대답했어요.

"그러면 로봇은 내년에나 살 수 있을걸요."

"같이 계산해 볼까? 일주일에 6백 원이면 한 달에 2천 4백 원이야.

로봇이 2만 원이니까 아홉 달 정도 모으면 되겠네."

"에이, 아홉 달도 멀어요. 전 빨리 갖고 싶단 말이에요."

엄마는 백원이를 보고 빙그레 미소 지었어요.

"그래? 그럼 용돈을 벌면 되지."

"어떻게요?"

백원이가 어리둥절한 표정으로 물었어요.

백원이의 용돈 기입장

날짜	내용	들어온 돈	나간 돈	남은 돈
9월4일	용돈	2,000원		
9월5일	저축 – 울트라파워 로봇		600원	1,400원
9월5일	투자 – 나사 우주 센터		600원	800원
9월5일	기부 – 아프리카 친구들		200원	600원
9월5일	소비 – 아이스크림		500원	100원

벼룩시장에서 돈을 벌다

토요일 아침, 백원이는 필요 없는 물건을 팔아서
돈을 벌려고 엄마와 동네 벼룩시장에 나왔어요.
알림장 대신 산 카드도 들고나왔지요.
벼룩시장에 돗자리를 펴고 앉은 지 30분쯤 지났을 때였어요.
대여섯 살 정도 된 남자아이가 백원이 앞에 섰어요.
"엄마, 나 이 카드 갖고 싶어요."
아주머니가 카드값을 물었어요.
"이거 얼마니?"
"천 원 주고 샀는데, 5백 원에 드릴게요."
"그래? 하나 줄래?"
백원이는 기분이 좋아서 날아갈 것 같았어요.

민아도 벼룩시장에 와 있었어요.
민아는 벼룩시장에서도 야무졌어요.
물건에 흠이 없는지 가격이 적당한지 꼼꼼히 따졌어요.
'나도 로봇을 살 때 민아처럼 자세히 살펴봐야지.'
백원이는 민아를 보며 다짐했어요.

날짜	내용	들어온 돈	나간 돈	남은 돈
9월5일	용돈	2,000원		
9월5일	저축-울트라파워 로봇		600원	1,400원
9월5일	투자-나사 우주 센터		600원	800원
9월5일	기부-아프리카 친구들		200원	600원
9월5일	소비-아이스크림		500원	100원
9월 6일	벼룩시장	15,000원		15,100원

경제 대장이 된 나백원

벼룩시장에서 백원이는 만 5천 원을 벌었어요.
이제 5천 원만 더 모으면 로봇을 살 수 있어요.
백원이는 매주 용돈을 차곡차곡 모았어요.
용돈을 모으는 백원이만의 방법도 생겼지요.
군것질은 일주일에 한 번만 하고 아빠 구두도 열심히 닦았어요.
용돈 기입장의 숫자는 나날이 커졌어요.
"엄마, 제가 벌써 이만큼이나 모았어요!"
백원이는 엄마에게 용돈 기입장을 자랑스레 보여 주었어요.
"정말 많이 모았네. 모은 돈을 안전하게 은행에 맡겨 놓을까?
은행에 저축을 하면 이자도 준단다."

백원이는 은행에 가서 처음으로 통장을 만들었어요.
은행을 나서며 엄마가 물었어요.
“통장에 모은 돈으로 나중에 뭐 하고 싶어?”
백원이는 이것저것 하고 싶은 일을 떠올려 보았어요.
울트라파워 로봇보다 더 큰 로봇을 사고 싶었어요.
또 엄마한테는 예쁜 손수건을, 아빠한테는 멋진 넥타이를 사 주고 싶었지요.
백원이는 어깨에 힘을 잔뜩 주며 대답했어요.
“비밀이에요!”

네가
내 보물
1호야!
야호~

울트라파워 로봇을 사다!

드디어 울트라파워 로봇을 살 수 있을 만큼 돈을 모았어요.
백원이는 콧노래를 부르며 엄마, 아빠와 함께 장난감 할인점으로 갔어요.
직접 벌고 모은 용돈으로 사서 그런지, 품에 안은 울트라파워 로봇이 다른 장난감보다 특별하게 느껴졌어요.
"내가 오래오래 아껴 줄게."
백원이는 로봇을 안고 속삭였어요.
그런데 아빠가 보이지 않았어요.
백원이와 엄마는 아빠를 찾아 나섰어요.
아빠는 휴대 전화 가게에서 최신 휴대 전화를 구경하고 있었지요.
"여보! 자꾸 이러면 당신 용돈을 더 깎고, 백원이 용돈을 올릴 거예요!"
엄마가 소리치자 아빠는 손사래를 치며 서둘러 가게에서 나왔어요.
"그냥 구경만 한 거야!"
"백원아, 네가 아빠한테 용돈 관리법 좀 알려 드릴래?"
백원이가 엄마에게 눈을 찡긋하며 대답했어요.
"공짜로는 어림없어요!"

재미있게 풀고
알차게 공부하는

용돈으로 배우는 경제

워크북

1단계 스스로 테스트 나는 돈을 현명하게 쓰고 있을까요?

우리는 사고 싶은 것이 많지만 돈을 무한정 쓸 수 없어요. 그래서 돈을 현명하게 쓰는 방법을 익혀야 하지요. 여러분은 돈을 현명하게 쓰고 있나요? 아래 내용을 읽고, 내가 해당하는 칸에 ○표 하고 점수를 합하세요. 52쪽에서 결과를 확인해 보세요.

내용	전혀 그렇지 않다 3점	그런 적이 있다 2점	그렇다 1점
① 물건을 살 때 내가 쓸 수 있는 돈을 생각하지 않고 고른다.			
② 물건이 마음에 들면 상태를 자세히 살펴보지 않고 바로 산다.			
③ 엄마 몰래 물건을 산 적이 있다.			
④ 문구점에 학용품을 사러 갔다가 다른 물건을 산 적이 있다.			
⑤ 물건을 사 달라고 떼를 쓴 적이 있다.			
⑥ 나에게 꼭 필요하지는 않지만, 친구의 물건이 좋아 보여서 따라 산 적이 있다.			
⑦ 새로 나온 장난감은 꼭 사야 한다.			
⑧ 한두 번 가지고 놀다 싫증 나서 가지고 놀지 않는 장난감이 있다.			
⑨ 사 모으는 장난감 시리즈가 여러 개 있다.			
⑩ 내가 어떤 장난감을 가지고 있는지 잘 기억하지 못한다.			
⑪ 용돈을 받으면 장난감이나 과자를 사는 데 다 쓴다.			
⑫ 물건을 사고 싶은 마음을 참기 힘들다.			
⑬ 텔레비전에서 광고하는 물건은 모두 좋은 것 같다.			
⑭ 다른 사람이 쓰던 장난감을 물려받기 싫다.			
⑮ 가지고 있는 물건을 아껴 쓰기보다 새로운 물건을 사는 게 더 좋다.			
합계	점		

여러분의 평소 모습을 떠올리며 아래 설명을 읽어 보세요.

① 우리가 물건을 살 때 쓸 수 있는 돈은 정해져 있어요. 그래서 갖고 있는 돈을 생각하면서 물건을 사야 해요.

② 새 물건이라고 해서 모두 상태가 좋지는 않아요. 새것이라도 어딘가 흠이 있거나 고장 난 물건일 수 있어요. 그래서 꼭 꼼꼼히 살펴보고 물건을 사야 해요.

③ 그때 산 물건이 꼭 필요한 것이었나요? 필요 없는 물건이기 때문에 엄마 몰래 산 것은 아닌지 생각해 보세요.

④ 충동적으로 물건을 사면 정말 필요한 물건을 살 수 없게 돼요.

⑤ 갖고 싶은 물건이 있다고 무조건 떼를 쓰는 것은 나쁜 습관이에요. 그 물건이 정말 나에게 필요한지 곰곰이 생각해 보고 꼭 필요하다고 생각될 때만 사야 해요.

⑥ 친구와 나는 다르기 때문에 필요한 것, 갖고 싶은 것이 다를 수 있어요. 친구가 가지고 있다고 해서 나도 가져야 하는 것은 아니에요.

⑦ 새로 나온 장난감이 모두 좋고 재미있을까요? 장난감을 살 때는 내 나이와 관심사를 생각해서 꼭 갖고 싶은 것을 고르는 것이 좋아요.

⑧ 물건을 사기 전에는 얼마나 잘 쓸 수 있을지를 생각해 봐야 해요. 금방 싫증 날 것 같은 물건은 사지 않는 것이 좋아요.

⑨ 장난감을 가지고 놀 수 있는 시간은 제한되어 있어요. 장난감이 아무리 많아도 모두 가지고 놀 수는 없지요. 내가 가장 재미있게 갖고 놀 수 있는 장난감만 사도록 해요.

⑩ 내가 가진 장난감을 기억하지 못하면 같은 물건을 또 살 수도 있어요. 장난감을 정리하며 내가 어떤 장난감을 가지고 있는지 확인해 보세요.

⑪ 용돈을 받을 때마다 모두 써 버리면 정작 필요한 물건을 사야 할 때 돈이 없을 수 있어요.

⑫ 사람은 항상 가진 돈보다 갖고 싶은 것이 많아요. 그래서 사고 싶은 물건을 다 사는 것은 불가능해요. 갖고 싶은 마음, 사고 싶은 마음을 조금씩 참아 보세요.

⑬ 텔레비전 광고는 물건을 최대한 멋져 보이게 해요. 무조건 광고를 믿기보다는 이 물건, 저 물건을 꼼꼼히 비교해 보고 사는 것이 좋아요.

⑭ 내가 쓰던 장난감을 동생에게 물려줄 때, 그 장난감이 낡고 싫은 물건으로 생각되나요? 다른 사람이 아끼던 물건을 물려받는 것은 의미 있는 일이에요.

⑮ 항상 새것만 쓰는 건 낭비예요. 가지고 있는 물건을 아껴서 새것처럼 쓰는 것이 현명한 소비예요.

내 상태는?

39~45점

당신은 아주 현명한 소비자입니다.

31~38점

잘하고 있어요. 짝짝짝!

23~30점

필요 없는 장난감에 마음을 많이 빼앗기고 있네요.

15~22점

저런! 더 노력해야겠군요.

2단계 개념 확인 활동

자전거를 사고 싶어요

백원이가 자전거를 사려고 용돈을 모으고 있어요. 바른 설명이 쓰여 있는 저금통의 사다리 타기를 해서 백원이가 자전거를 살 수 있게 도와주세요.

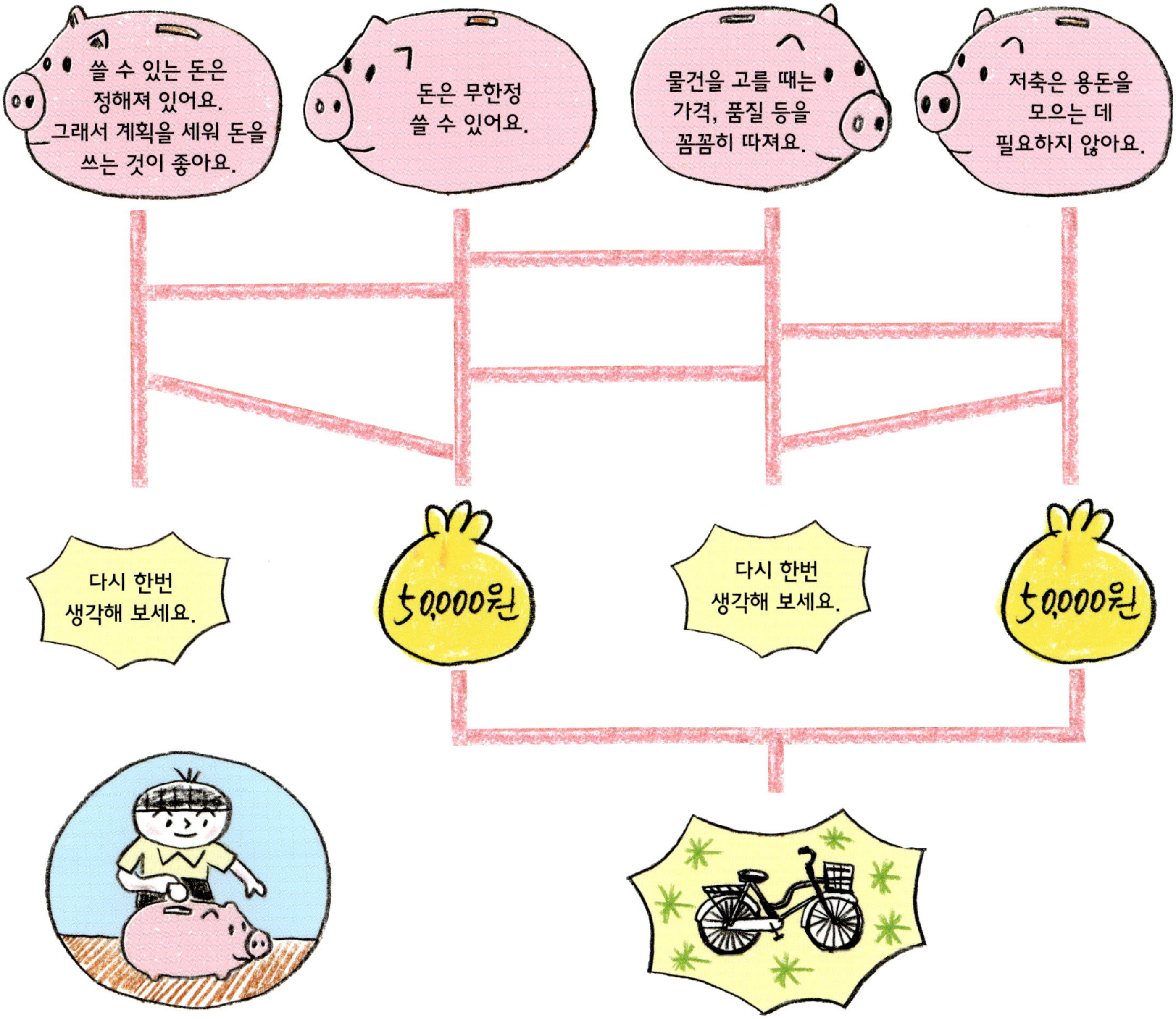

2단계 개념 확인 활동

카드가 우리 손에 오기까지

카드는 어떤 과정을 거쳐서 우리 손에 들어올까요? 아래 그림과 설명을 보고 빈칸에 순서대로 번호를 쓰세요.

( ) 카드 회사에서 종이가 여러 과정을 거쳐 카드로 만들어져요.

( ) 카드가 트럭에 실려서 전국의 상점으로 옮겨져요.

(1) 종이 회사에서 카드의 재료인 종이를 만들어요.

( ) 손님이 상점에 진열된 카드를 사요.

개념 쏙쏙 물건이 만들어져서 우리에게 오려면 다양한 생산 활동을 거쳐야 해요. 생활에 필요한 물건을 만들고, 우리 생활을 편리하고 즐겁게 만드는 일은 모두 생산 활동이에요.

2단계 개념 확인 활동

경제 용어 사다리 게임

아래 설명을 읽고 사다리 타기를 해서 어떤 낱말인지 확인하고, 따라 써 보세요.

사람들에게 필요한 것을 만들고 팔고 사는 모든 일

돈을 쓰고 시간을 들이고 물건을 사용하는 일

사람들의 생활에 필요한 모든 것을 만들어 내는 일

미래를 대비해 번 돈을 아껴서 모아 두는 일

생	산

경	제

저	축

소	비

2단계 개념 확인 활동 무엇이 가격 안에 들어 있을까요?

백원이가 산 로봇 가격에는 여러 가지 비용이 들어 있어요. 로봇 주위에 있는 설명을 잘 읽고, 로봇 가격에 들어 있는 비용을 찾아 줄을 그으세요.

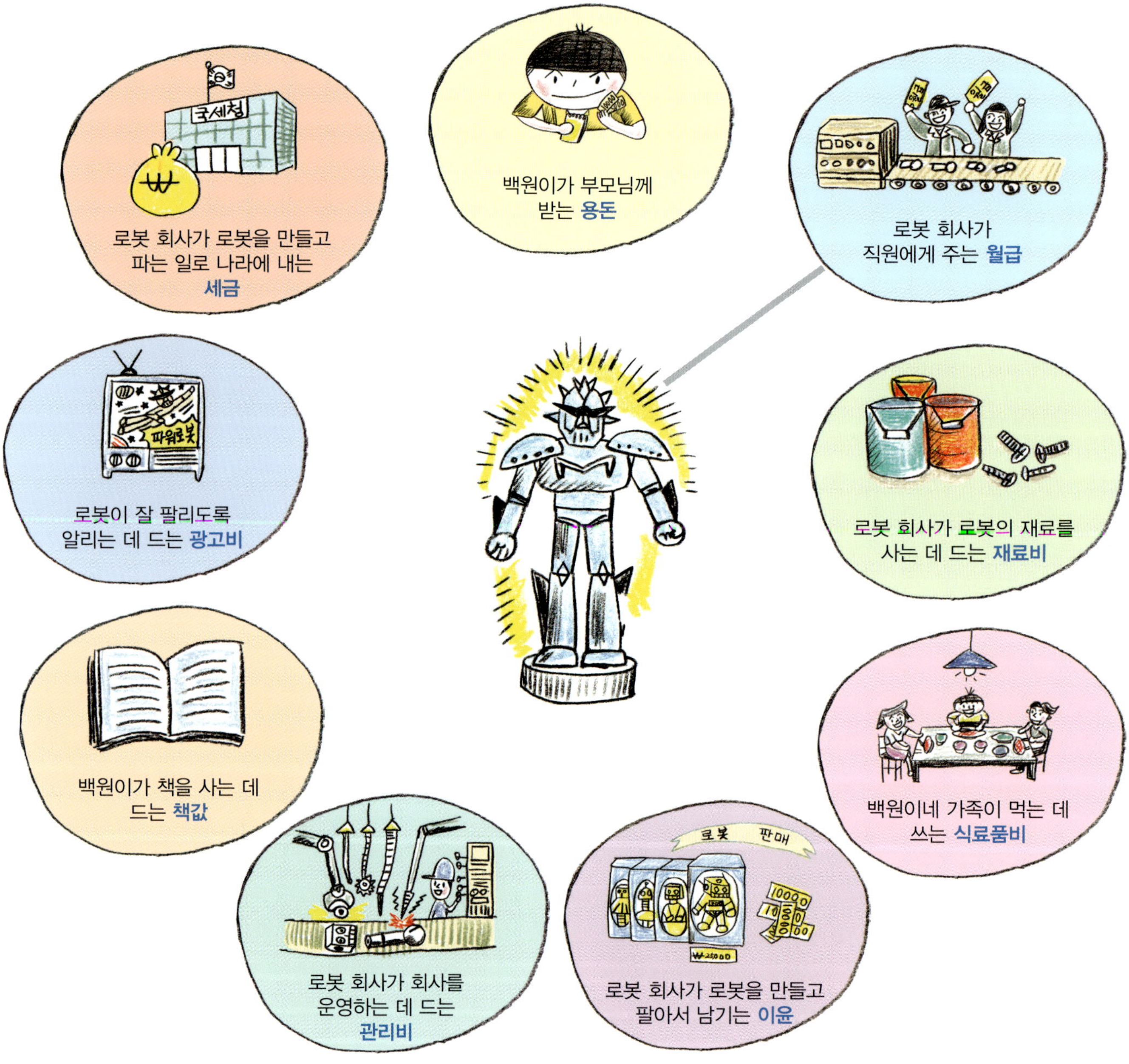

개념 쏙쏙 물건의 가격에는 물건을 만들고 파는 데 드는 여러 가지 비용이 들어 있습니다.

2단계 개념 확인 활동 어떤 시장일까요?

친구들이 시장에 대해 이야기하고 있어요. 어떤 시장인지 엉킨 줄을 따라가 확인해 보세요.

개념 쏙쏙 사람들에게 필요한 물건과 서비스를 사고파는 곳은 모두 시장이에요.

3단계 창의 활동 용돈 기입장을 써 볼까요?

백원이는 엄마에게 배운 대로 용돈 기입장을 쓰기로 했어요. 처음이라 어려웠지만 든든한 친구 민아가 도와주었지요. 여러분도 용돈 기입장 쓰기에 도전해 보세요.

계획 세우기
한 달 동안 지켜야 할 계획을 세워요.

용돈 기입장 쓰기
돈이 들어오고 나갈 때마다 용돈 기입장에 적어요.

결산하기
한 달 동안 들어온 돈과 나간 돈을 모두 계산하고, 어디에 어떻게 썼는지 살펴요.

평가하기
한 달 동안 잘한 점과 잘못한 점을 적고, 다음 달 계획에 참고해요.

1. 계획 세우기

이번 달 계획

2. 용돈 기입장 쓰기

날짜	내용	들어온 돈	나간 돈	남은 돈

3. 결산하기

	내용	금액
들어온 돈	지난 달에 남은 돈	
	이번 달에 받은 용돈	
	이번 달에 번 용돈	
	합계	

	내용	금액
나간 돈	저축	
	투자	
	기부	
	소비	
	합계	

남은 돈 **원**

4. 평가하기

잘한 점	잘못한 점

4단계
개념 심화 학습

경제 활동 없이 살 수 없어요

우리는 생활하면서 많은 물건과 서비스를 사용해요. 또 누군가는 물건과 서비스를 만들고 그 대가로 돈을 벌어요. 생활에 필요한 것을 만드는 일, 물건과 서비스를 사서 사용하는 일, 돈을 버는 일은 모두 경제 활동이에요. 세 가지의 경제 활동이 모두 활발히 이루어져야 가정과 기업, 나라 살림이 건강해져요.

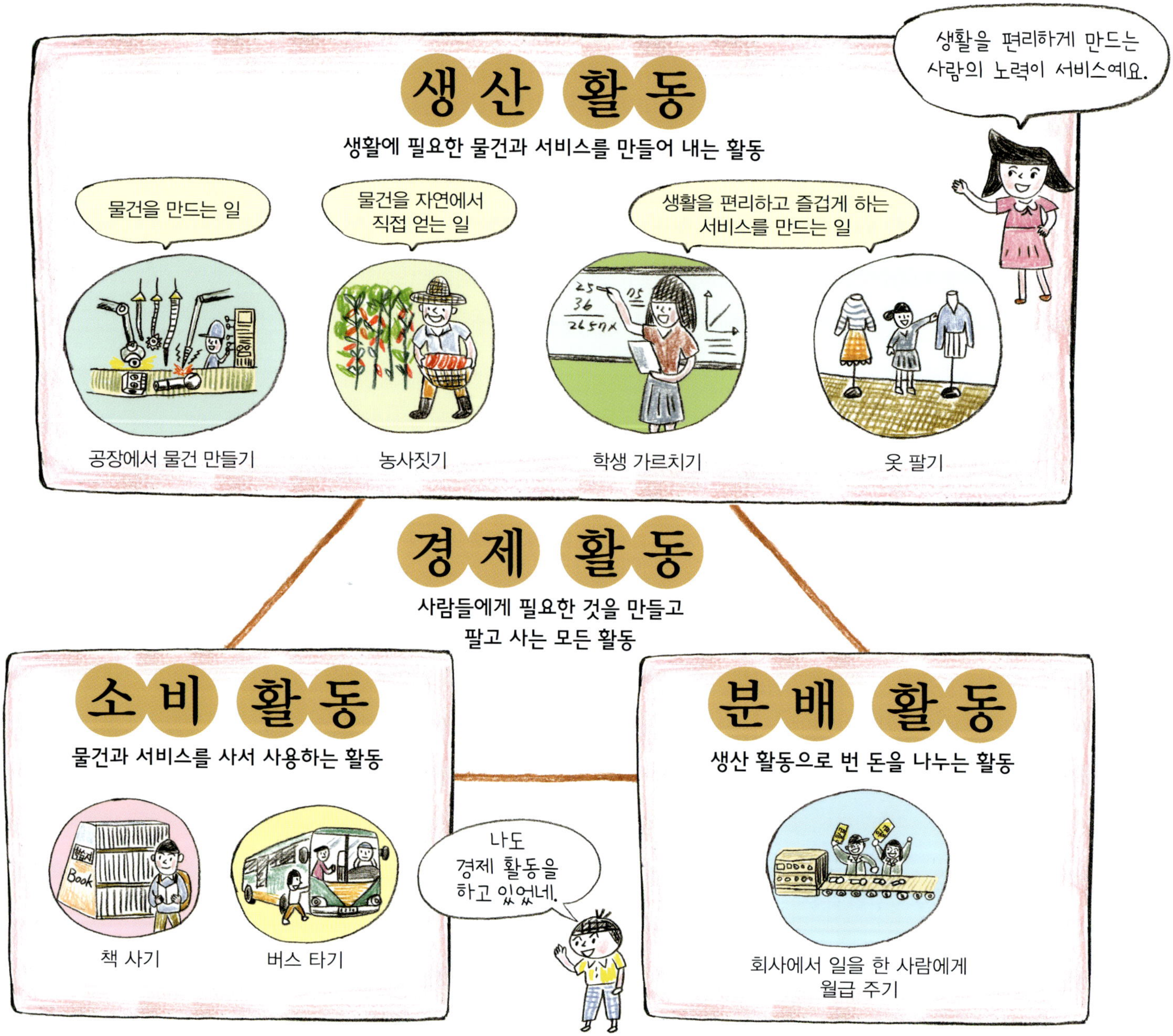

4단계 개념 심화 학습 같은 경제 활동을 찾아보세요

사람들이 하는 일에 대한 설명을 읽고, 빈칸에 번호를 알맞게 써서 같은 경제 활동끼리 묶어 보세요.

1

농사를 지어요.

2

돈을 내고 버스를 타요.

3

회사에서 일을 한 사람에게 월급을 줘요.

4

회사에서 카드를 만들어요.

5

학생을 가르쳐요.

6

아이스크림을 사 먹어요.

7

책을 사요.

생산 활동

생활에 필요한 물건과
서비스를 만들어 내는 활동

( ), ( ), ( )

소비 활동

물건과 서비스를
사서 사용하는 활동

( ), ( ), ( )

분배 활동

생산 활동으로
번 돈을 나누는 활동

( )

워크북 정답

53쪽

자전거를 사고 싶어요

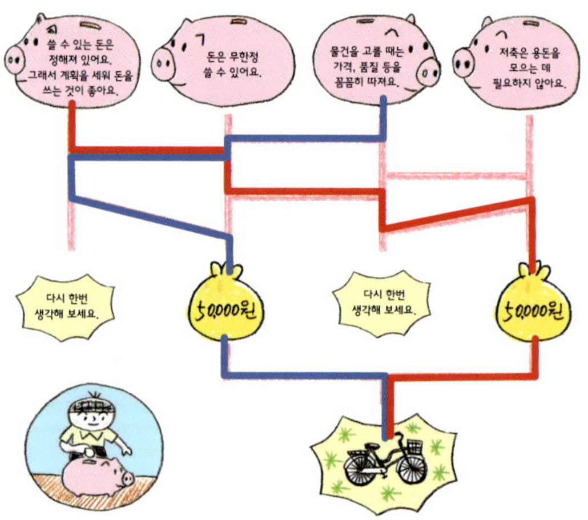

54쪽

카드가 우리 손에 오기까지

55쪽

경제 용어 사다리 게임

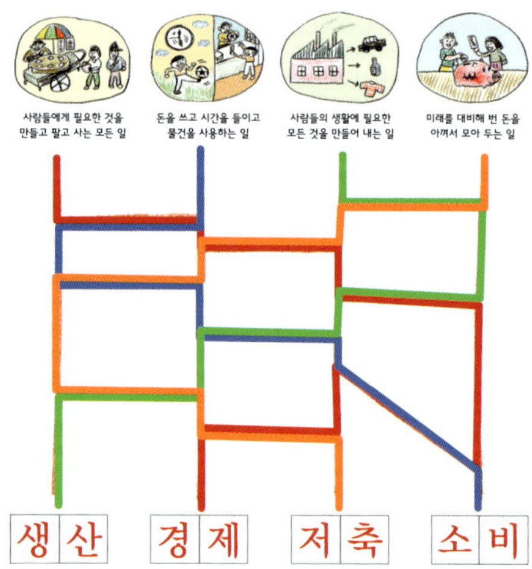

56쪽

무엇이 가격 안에 들어 있을까요?

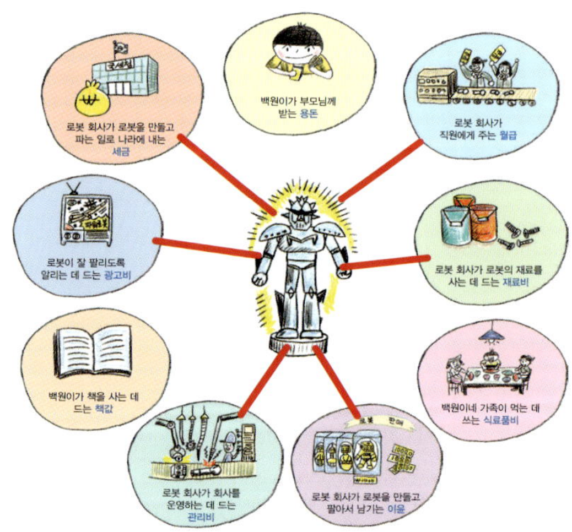

57쪽

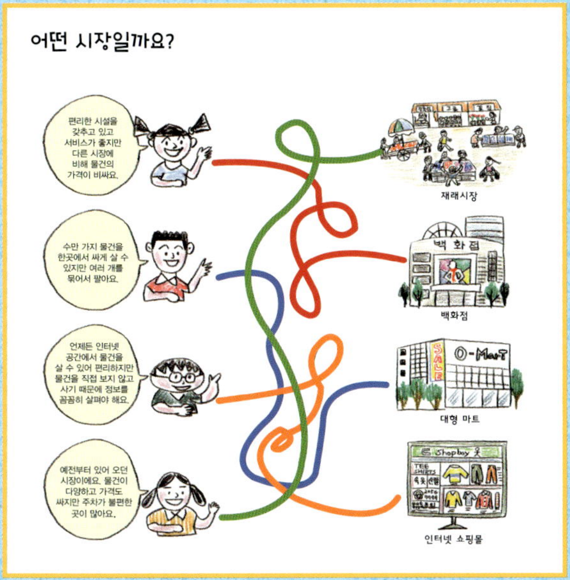
어떤 시장일까요?
편리한 시설을 갖추고 있고 서비스가 좋지만 다른 시장에 비해 물건의 가격이 비싸요.
수만 가지 물건을 한곳에서 싸게 살 수 있지만 여러 개를 묶어서 팔아요.
언제든 인터넷 공간에서 물건을 살 수 있어 편리하지만 물건을 직접 보지 않고 사기 때문에 정보를 꼼꼼히 살펴야 해요.
예전부터 있어 오던 시장이에요. 물건이 다양하고 가격도 싸지만 주차가 불편한 곳이 많아요.
재래시장
백화점
대형 마트
인터넷 쇼핑몰

61쪽

같은 경제 활동을 찾아보세요
1 농사를 지어요.
2 돈을 내고 버스를 타요.
3 회사에서 일을 한 사람에게 월급을 줘요.
4 회사에서 카드를 만들어요.
5 학생을 가르쳐요.
6 아이스크림을 사 먹어요.
7 책을 사요.
생산 활동
생활에 필요한 물건과 서비스를 만들어 내는 활동
1, 4, 5
소비 활동
물건과 서비스를 사서 사용하는 활동
2, 6, 7
분배 활동
생산 활동으로 번 돈을 나누는 활동
3

쓱싹 쓱싹
슈퍼마켓
맛있다.

교과서 개념 잡는 초등 사회그림책

용돈으로 배우는 경제

초판 1쇄 발행 2016년 5월 2일 | 초판 8쇄 발행 2025년 7월 2일

글 박민선 | **그림** 김민준 | **감수** 임한철(충주금릉초등학교 선생님)

펴낸곳 (주)가나문화콘텐츠 | **펴낸이** 김남전

편집장 유다형 | **편집** 이경은 김경선 | **디자인** 양란희

마케팅 정상원 한웅 정용민 김건우 | **경영관리** 김경미

출판등록 2002년 2월 15일 제10 - 2308호 | **주소** 경기도 고양시 덕양구 호원길 3-2

전화 02 - 717 - 5494(편집부) 02 - 332 - 7755(관리부) | **팩스** 02 - 324 - 9944

홈페이지 ganapub.com | **이메일** ganapub@naver.com

페이스북 facebook.com/ganapub1 | **인스타그램** instagram.com/ganapub1

ISBN 978-89-5736-783-4 (74300)

978-89-5736-744-5 (세트)

1월 계획
1. 군것질 줄이기
2. 딱지 사지않기

저축

용돈 기입장

잘한 점
잘못한 점

Book